Il Manuale per Comprendere Il Controllo

Comprendere Il Controllo

Il controllo si riferisce alla capacità di influenzare o dirigere il comportamento o l'esito di una situazione. In psicologia, il controllo viene spesso discusso in termini di controllo percepito, ovvero fino a che punto un individuo crede di avere influenza sugli eventi e sui risultati della propria vita.

Il controllo percepito è importante per diverse ragioni. Innanzitutto, avere un senso di controllo può influire positivamente sulla salute mentale e sul benessere di un individuo. Quando le persone si sentono in controllo, sono meno inclini a sperimentare ansia, stress o depressione. Al contrario, quando sentono di non avere alcun controllo sulla propria vita, sono più propensi a sperimentare esiti negativi sulla salute mentale.

Il controllo percepito può anche svolgere un ruolo nella motivazione e nella definizione degli obiettivi. Quando le persone sentono di avere il controllo sulla propria vita, sono più propense a stabilire obiettivi significativi e a lavorare per raggiungerli, e ad essere motivate a fare cambiamenti positivi nella propria vita. Al contrario, quando sentono di non avere alcun controllo, sono più propense a diventare demotivate e a disimpegnarsi dagli obiettivi.

Inoltre, il controllo percepito può influire sul senso di agenzia e sull'autostima di un individuo. Quando le persone sentono di avere il controllo sulla propria vita, sono più propense a sentirsi agenti attivi e capaci, e ad avere un'immagine di sé positiva. Al contrario, quando sentono di non avere alcun controllo, sono più propense a sentirsi prive di potere e ad avere un'immagine di sé negativa.

Nel contesto di questo manuale, è importante comprendere che, anche se un individuo potrebbe non essere in grado di controllare tutti gli eventi o gli esiti della propria vita, può controllare le proprie reazioni a tali eventi. Questo viene spesso definito controllo interno, ovvero la capacità di controllare i propri pensieri, sentimenti e comportamenti in risposta agli stimoli esterni. Sviluppando un senso di controllo interno, gli individui possono migliorare la propria salute mentale e il proprio benessere, sentirsi più motivati e coinvolti e avere un maggiore senso di agenzia e di potere.

Questo è il focus principale di questo manuale, che aiuterà il lettore a concentrarsi su tecniche e strategie per sviluppare il controllo interno, come la consapevolezza, la terapia cognitivo-comportamentale e la definizione degli obiettivi. Queste tecniche ti aiuteranno ad acquisire una maggiore comprensione della relazione tra i tuoi pensieri, i tuoi sentimenti e i tuoi comportamenti, e ti aiuteranno a sviluppare le competenze necessarie per controllare le tue reazioni agli stimoli esterni, portando infine a un maggiore senso di controllo e benessere nella tua vita.

Comprendere Gli Stimoli Esterni

Che Cos'è?

Gli stimoli esterni si riferiscono a qualsiasi evento, oggetto o situazione esterna o ambientale che influisce su un individuo ed elicita una risposta. Ciò può includere stimoli fisici come immagini, suoni e sensazioni tattili, così come stimoli sociali e psicologici come interazioni con gli altri, norme culturali ed esperienze personali.

Gli stimoli esterni possono avere una varietà di effetti su un individuo, che vanno dalla semplice percezione sensoriale a risposte emotive e cognitive complesse. Ad esempio, un forte rumore può elicitare una risposta di spavento, mentre un'interazione con una persona difficile può elicitare sentimenti di rabbia o frustrazione.

Nel contesto di questo manuale sulla comprensione del controllo, gli stimoli esterni si riferiscono a qualsiasi evento o situazione esterna che un individuo sperimenta e che non può controllare direttamente. Tuttavia, è la reazione dell'individuo a questi stimoli esterni che ha la capacità di controllare, ciò che spesso viene definito controllo interno o il controllo dei propri pensieri, sentimenti e comportamenti.

Esempi Di Stimoli Esterni

Gli stimoli esterni sono eventi o situazioni che avvengono al di fuori di un individuo e su cui non hanno un controllo diretto. Ecco alcuni esempi di stimoli esterni che molte persone incontrano regolarmente:

Stimoli fisici: immagini, suoni, sensazioni tattili, temperatura, dolore, ecc.

Stimoli sociali: interazioni con gli altri, norme e aspettative sociali, influenze culturali, ecc.

Stimoli psicologici: esperienze personali e memorie, emozioni, pensieri, convinzioni, ecc.

Stimoli ambientali: disastri naturali, meteo, traffico, rumore, ecc.

Stimoli tecnologici: dispositivi elettronici, media, internet, AI, ecc.

Stimoli economici: fattori di stress finanziario, perdita di lavoro, cambiamenti nell'economia, ecc.

Stimoli politici: leggi e regolamenti, politiche governative, instabilità politica, ecc.

Stimoli storici: eventi storici e legati alla cultura, storie personali, ecc.

Stimoli naturali: animali, piante, paesaggi, ecc.

Stimoli culturali: arte, letteratura, musica, architettura, ecc.

È importante notare che questi stimoli esterni possono avere una varietà di effetti sugli individui e che la natura degli effetti dipenderà dalle esperienze personali, dal background culturale e da altri fattori individuali dell'individuo. Inoltre, alcuni stimoli possono essere percepiti come positivi e avere un impatto positivo su un individuo, mentre altri possono essere percepiti come negativi e avere un impatto negativo.

L'Impatto Degli Stimoli Esterni Sulle Nostre Emozioni E Comportamenti

Gli stimoli esterni possono avere un impatto significativo sulle emozioni e sui comportamenti di un individuo. La relazione tra gli stimoli esterni e le emozioni e i comportamenti è complessa ed è influenzata da una varietà di fattori, tra cui esperienze personali, background culturale e differenze individuali.

Uno dei modi in cui gli stimoli esterni influenzano le emozioni e i comportamenti è attraverso il processo di percezione. La percezione si riferisce al processo attraverso il quale un individuo interpreta e dà significato agli stimoli esterni. Ad esempio, sentire un rumore forte può elicitare paura in un individuo, ma eccitazione in un altro, a seconda delle loro esperienze personali e delle associazioni con quel particolare stimolo.

Un altro modo in cui gli stimoli esterni influenzano le emozioni e i comportamenti è attraverso l'attivazione di determinate reti neurali nel cervello. Ad esempio, l'esposizione a uno stimolo stressante può attivare l'amigdala, una regione del cervello associata all'elaborazione delle emozioni e all'attivazione della risposta di stress. Questa attivazione può portare a una serie di risposte emotive, come paura, ansia o rabbia, e può anche influenzare il comportamento portando a una risposta di lotta o fuga o ad altre forme di attivazione comportamentale.

Oltre ai suoi effetti diretti sulle emozioni e sui comportamenti, gli stimoli esterni possono anche influenzare le emozioni e i comportamenti indirettamente, influenzando i pensieri, le credenze e le attitudini di un individuo. Ad esempio, l'esposizione a una copertura mediatica negativa può portare un individuo a sviluppare atteggiamenti negativi nei confronti di un particolare gruppo di persone, che poi possono influenzare il loro comportamento nei confronti di quel gruppo.

In definitiva, la relazione tra gli stimoli esterni e le emozioni e i comportamenti è complessa e dinamica e viene plasmata da una varietà di fattori individuali e situazionali. Comprendere come gli stimoli esterni influenzano le emozioni e i comportamenti è importante per una serie di ragioni, tra cui il miglioramento del benessere personale, il miglioramento delle relazioni con gli altri e lo sviluppo di strategie per affrontare lo stress e le avversità.

L'Illusione Del Controllo

Che Cos'è?

L'illusione di controllo si riferisce al fenomeno in cui gli individui credono di avere più controllo sugli eventi o gli esiti di quanto effettivamente ne abbiano. Ciò può portare a una falsa sensazione di fiducia e una sovrastima delle proprie capacità e può avere molti effetti negativi sui comportamenti e le decisioni degli individui.

L'illusione di controllo viene spesso osservata in una varietà di domini, come il gioco d'azzardo, gli investimenti e i comportamenti relativi alla salute. Ad esempio, i giocatori d'azzardo possono credere che le loro scelte o i loro comportamenti possano influenzare l'esito di un gioco, anche se l'esito è in gran parte determinato dal caso. Gli investitori possono credere di avere il controllo sul mercato azionario, anche se sono soggetti a numerosi fattori al di fuori del loro controllo.

Allo stesso modo, gli individui possono credere che i loro comportamenti relativi alla salute, come l'esercizio fisico e la dieta, possano determinare completamente i loro esiti di salute, anche se ci sono molti altri fattori che contribuiscono alla salute di un individuo, come la genetica, i fattori ambientali e l'accesso alle cure sanitarie.

L'illusione di controllo può avere conseguenze negative per gli individui, poiché può portare a rischi eccessivi, aspettative irrealistiche e delusione. Può anche portare a una sensazione di impotenza o disperazione quando gli eventi non si sviluppano come previsto.

Per evitare l'illusione di controllo, è importante che gli individui siano consapevoli delle loro limitazioni e del ruolo che il caso, la fortuna e altri fattori giocano nel plasmare gli eventi e gli esiti. È anche importante riconoscere che gli eventi e gli esiti sono spesso il risultato di molteplici fattori e che gli individui spesso hanno solo un controllo limitato su questi fattori. Sviluppando una comprensione più accurata e realistica della natura del controllo, gli individui possono evitare le conseguenze negative dell'illusione di controllo e migliorare la loro capacità di prendere decisioni e il loro benessere.

Esempi Dell'Illusione Del Controllo

L'illusione di controllo può essere osservata in una varietà di settori, tra cui, ma non limitati a:

Gioco d'azzardo: I giocatori spesso credono che le loro scelte o i loro comportamenti possano influenzare l'esito di un gioco, anche se l'esito è in gran parte determinato dal caso.

Investimenti: Gli investitori possono credere di avere il controllo sul mercato azionario, anche se sono soggetti a numerosi fattori al di fuori del loro controllo.

Comportamenti relativi alla salute: Gli individui possono credere che i loro comportamenti relativi alla salute, come l'esercizio fisico e la dieta, possano determinare completamente i loro esiti di salute, anche se ci sono molti altri fattori che contribuiscono alla salute di un individuo, come la genetica, i fattori ambientali e l'accesso alle cure sanitarie.

Superstizioni: Le persone possono adottare comportamenti superstiziosi, come portare un portafortuna, con la convinzione che questi comportamenti influenzeranno gli esiti o gli eventi.

Guida: I conducenti possono credere di avere il completo controllo sull'esito della guida, anche se ci sono molti altri fattori che possono contribuire agli incidenti, come le condizioni stradali, gli altri conducenti e i malfunzionamenti del veicolo.

Meteo: Le persone possono credere di poter controllare il tempo, ad esempio eseguendo un certo rituale o facendo un desiderio specifico, anche se il tempo è in gran parte determinato da fattori naturali.

Sport: Fan e atleti possono credere che il loro comportamento o atteggiamento possa influire sull'esito di una partita, anche se l'esito è determinato da molti fattori, come il livello di abilità degli atleti e le strategie utilizzate dalle squadre.

Relazioni: Gli individui possono credere di avere il completo controllo sull'esito di una relazione, anche se le relazioni sono plasmate da molti fattori, come la comunicazione, la compatibilità e le differenze individuali.

Processo decisionale: Gli individui possono credere di avere il completo controllo sull'esito delle loro decisioni, anche se l'esito è influenzato da molti fattori, come le circostanze esterne, la disponibilità delle informazioni e i pregiudizi cognitivi.

Questi sono solo alcuni esempi dell'illusione di controllo. È importante essere consapevoli di queste tendenze al fine di evitare le conseguenze negative dell'illusione di controllo e migliorare la presa di decisioni e il benessere personale.

Comprensione Dei Limiti Del Controllo

È importante capire le limitazioni del controllo sugli stimoli esterni al fine di gestire le aspettative, evitare la frustrazione e condurre una vita più appagante.

Eventi incontrollabili: Ci sono molti eventi che sono al di là del nostro controllo, come le catastrofi naturali, gli incidenti e i comportamenti e le decisioni di altre persone. Accettare che non possiamo controllare questi eventi può aiutarci ad evitare sentimenti di frustrazione e ansia.

Sistemi complessi: Molti stimoli esterni fanno parte di sistemi complessi, come l'economia, i sistemi politici e le dinamiche sociali. In questi sistemi, le nostre azioni possono avere un impatto, ma non possiamo controllare completamente l'esito.

Risorse limitate: La nostra capacità di controllare gli stimoli esterni può anche essere limitata dalle nostre risorse, come il tempo, il denaro e l'energia. Comprendere queste limitazioni può aiutarci a dare priorità e allocare le nostre risorse in modo più efficace.

Conseguenze non intenzionali: Le nostre azioni possono avere conseguenze non intenzionali, come causare danni agli altri o creare nuovi problemi. Comprendere queste limitazioni può aiutarci ad evitare risultati negativi e prendere decisioni più informate.

Bias cognitivi: La nostra percezione del controllo può anche essere influenzata da bias cognitivi, come la sovra confidenza e l'errore del costo irrecuperabile. Comprendere questi bias può aiutarci a fare valutazioni più accurate del nostro controllo sugli stimoli esterni.

Interdipendenza: Molti stimoli esterni sono interdipendenti, il che significa che sono collegati e si influenzano reciprocamente. Questa interdipendenza può limitare la nostra capacità di controllare un singolo stimolo e sottolinea l'importanza di considerare l'immagine più ampia.

È importante comprendere queste limitazioni del controllo per evitare di eccedere, gestire le aspettative e concentrarsi su ciò che possiamo controllare: i nostri stessi pensieri, comportamenti e reazioni agli stimoli esterni. Concentrandoci sulle nostre risposte interne, possiamo migliorare il nostro benessere, le relazioni e i risultati delle nostre decisioni.

Il Potere Del Controllo Interno

L'Importanza Del Controllo Interno

Il controllo interno si riferisce alla capacità di regolare i nostri pensieri, emozioni e comportamenti in risposta agli stimoli esterni. È un aspetto essenziale dello sviluppo personale e del benessere complessivo.

Miglioramento del benessere: Il controllo interno ci consente di gestire le nostre reazioni emotive agli stimoli esterni, riducendo lo stress e aumentando la felicità. Regolando le nostre emozioni, possiamo impedire ai pensieri negativi di prendere il sopravvento e causare ansia, depressione e altri problemi di salute mentale.

Migliori relazioni: Il controllo interno ci aiuta ad interagire con gli altri in modo più positivo e produttivo. Quando siamo in grado di regolare le nostre emozioni, siamo meglio equipaggiati per comunicare efficacemente, gestire i conflitti e costruire relazioni solide.

Miglior presa di decisione: Il controllo interno ci consente di prendere decisioni migliori riducendo l'impatto delle emozioni e dell'impulsività. Quando controlliamo le nostre emozioni, siamo in grado di pensare più chiaramente, considerare tutte le opzioni e fare scelte informate.

Maggiore resilienza: Il controllo interno ci aiuta ad affrontare meglio l'avversità e le sfide. Quando siamo in grado di regolare le nostre emozioni e pensieri, siamo meglio equipaggiati per far fronte a situazioni difficili e riprenderci dalle difficoltà.

Crescita personale migliorata: Il controllo interno ci aiuta ad identificare e affrontare le nostre debolezze personali, portando ad un aumento della consapevolezza di sé e della crescita personale. Prendendo il controllo dei nostri pensieri ed emozioni, siamo in grado di individuare le aree che necessitano di miglioramento e apportare cambiamenti positivi.

In conclusione, il controllo interno è un aspetto essenziale dello sviluppo personale e del benessere generale. Prendendo il controllo dei nostri pensieri, emozioni e comportamenti, siamo meglio equipaggiati per gestire le sfide della vita e condurre una vita più appagante.

Controllo Interno Come Capacità Di Controllare I Nostri Pensieri Ed Emozioni

Il controllo interno è la capacità di regolare i nostri pensieri e le emozioni in risposta agli stimoli esterni. È un aspetto essenziale dello sviluppo personale e del benessere generale, poiché ci consente di gestire le nostre reazioni emotive al mondo che ci circonda.

Regolamentare i pensieri: il controllo interno comporta la capacità di controllare i nostri pensieri, riducendo l'autocritica negativa e aumentando l'auto-riflessione positiva. Ciò può comportare l'apprendimento di tecniche come la

consapevolezza, la visualizzazione positiva
e la terapia cognitivo-comportamentale.

Regolamentare le emozioni: il controllo
interno implica anche la regolamentazione
delle nostre risposte emotive agli stimoli
esterni. Ciò può comportare
l'apprendimento della gestione delle
emozioni in risposta allo stress, all'ansia,
alla rabbia e ad altre emozioni negative.
Tecniche come la respirazione profonda, la
meditazione e le competenze di
regolazione emotiva possono aiutare a
regolare le emozioni.

Miglioramento della salute mentale:
prendendo il controllo dei nostri pensieri
ed emozioni, possiamo migliorare la nostra
salute mentale e il nostro benessere
generale. Ciò può ridurre il rischio di
depressione, ansia e altri problemi di
salute mentale e aumentare la nostra

capacità di gestire lo stress e le situazioni difficili.

Miglioramento della capacità decisionale: il controllo interno ci consente anche di prendere decisioni migliori riducendo l'impatto delle emozioni e dell'impulsività. Quando siamo in controllo delle nostre emozioni, siamo in grado di pensare più chiaramente, considerare tutte le opzioni e prendere decisioni informate.

Aumento della consapevolezza di sé: il controllo interno ci aiuta a diventare più consapevoli di noi stessi, consentendoci di identificare le nostre debolezze personali e apportare cambiamenti positivi. Prendendo il controllo dei nostri pensieri ed emozioni, siamo in grado di identificare aree di miglioramento e apportare cambiamenti positivi nella nostra vita.

In conclusione, il controllo interno è la capacità di controllare i nostri pensieri ed emozioni in risposta agli stimoli esterni. È un aspetto essenziale dello sviluppo personale e del benessere generale, poiché ci consente di gestire le nostre reazioni emotive al mondo che ci circonda e di condurre una vita più appagante.

Strategie per Lo Sviluppo Del Controllo Interno

Sviluppare il controllo interno è un aspetto importante dello sviluppo personale e del benessere. Ecco alcune strategie per sviluppare il controllo interno:

Mindfulness: La consapevolezza è una pratica che implica prestare attenzione al momento presente e ai propri pensieri, sentimenti e sensazioni. Ciò può aiutare a diventare più consapevoli delle proprie emozioni e reazioni agli stimoli esterni, consentendo di regolare in modo più efficace.

Respiro profondo: Il respiro profondo è una tecnica semplice che consiste nel prendere respiri lenti e profondi per calmare la mente e il corpo. Può aiutare a ridurre lo stress e l'ansia e migliorare le proprie capacità di regolazione emotiva.

Terapia cognitivo-comportamentale (TCC): La TCC è un tipo di terapia che si concentra sulla modifica dei modelli di pensiero e comportamento negativi. Ciò può aiutare a ridurre l'autocommiserazione e aumentare la riflessione positiva, migliorando le capacità di controllo interno.

Abilità di regolazione emotiva: Le abilità di regolazione emotiva implicano l'apprendimento di gestire le emozioni in modo sano e costruttivo. Ciò può comportare tecniche come l'autoriflessione, la scrittura di un diario e l'espressione delle proprie emozioni in modo sano.

Visualizzazione positiva: La visualizzazione positiva è una tecnica che consiste nella visualizzazione di esiti positivi nella propria vita. Ciò può aiutare a ridurre lo stress e l'ansia e migliorare le proprie capacità di regolazione emotiva.

Esercizio fisico: L'esercizio fisico regolare è stato dimostrato essere in grado di migliorare la regolazione emotiva e il benessere generale. L'esercizio fisico può aiutare a ridurre lo stress, migliorare l'umore e aumentare le proprie capacità di controllo interno.

Meditazione: La meditazione è una pratica che consiste nel concentrare la tua attenzione e calmare la tua mente. Ciò può aiutarti a ridurre lo stress e migliorare le tue capacità di regolazione emotiva.

Cercare supporto: Può essere utile cercare supporto da amici, familiari o professionisti della salute mentale per sviluppare le tue capacità di controllo interno. Ciò può comportare parlare con qualcuno dei tuoi pensieri e sentimenti, o cercare terapia o consulenza.

In conclusione, sviluppare il controllo interno è un aspetto importante dello sviluppo personale e del benessere. Utilizzando alcune delle strategie elencate sopra, è possibile migliorare le proprie abilità di controllo interno e condurre una vita più soddisfacente.

Sviluppare Una Mentalità Di Crescita

Che Cos'è?

Un mindset di crescita è un tipo di atteggiamento mentale che considera le sfide e le difficoltà come opportunità di crescita e apprendimento, anziché come minacce o ostacoli. Le persone con un mindset di crescita credono che le proprie abilità e intelligenza possano essere sviluppate attraverso il lavoro duro, la dedizione e la perseveranza. Vedono gli ostacoli e i fallimenti come parte del processo di apprendimento e non li permettono di definire il proprio valore o di scoraggiare il proprio progresso.

In contrasto, le persone con un mindset fisso credono che le proprie abilità e intelligenza siano tratti fissi che non possono essere modificati. Possono evitare le sfide e vedere gli ostacoli e i fallimenti come prova delle loro limitazioni, portando alla paura del fallimento e alla mancanza di motivazione per migliorare.

Il concetto di mindset di crescita è stato introdotto per la prima volta dalla psicologa Carol Dweck e le sue ricerche hanno dimostrato che le persone con un mindset di crescita tendono ad essere più resilienti, motivate e di successo in varie aree della vita. Avere un mindset di crescita può portare a un maggior senso di realizzazione e soddisfazione, nonché a un miglior benessere mentale ed emotivo.

Sviluppare un mindset di crescita richiede un cambiamento di pensiero e di prospettiva. Ciò può comportare il cambiamento di dialogo interno negativo, l'accettazione delle sfide e la visione dei fallimenti come opportunità di apprendimento e crescita. Inoltre, comporta un focus sull'effort e il progresso, anziché solo sugli esiti e i risultati.

Complessivamente, avere un mindset di crescita è un aspetto importante dello sviluppo personale e del benessere. Vedere le sfide e le difficoltà come opportunità di crescita e apprendimento consente alle persone di sviluppare le proprie abilità e capacità, e di condurre una vita più appagante.

Vantaggi Di Una Mentalità Di Crescita

Una mentalità di crescita, ovvero la convinzione che le proprie abilità e intelligenza possano essere sviluppate attraverso il lavoro duro e la dedizione, ha numerosi benefici per lo sviluppo personale e il benessere. Ecco alcuni dei principali benefici di avere una mentalità di crescita:

Aumento della motivazione: Le persone con una mentalità di crescita vedono le sfide come opportunità di crescita e apprendimento, piuttosto che come minacce. Ciò può portare a un aumento della motivazione e un maggior senso di scopo.

Miglioramento delle performance: La ricerca ha dimostrato che le persone con una mentalità di crescita tendono a performare meglio in vari ambiti della vita, tra cui accademici, sport e lavoro. Ciò perché sono più propensi ad abbracciare le sfide, imparare dagli insuccessi e persistere di fronte alle difficoltà.

Aumento della resilienza: Le persone con una mentalità di crescita vedono fallimenti e ostacoli come parte del processo di apprendimento, piuttosto che come prova delle loro limitazioni. Ciò può portare a un aumento della resilienza e alla capacità di riprendersi dalle difficoltà.

Miglioramento del benessere mentale ed emotivo: Concentrandosi sull'impegno e sul progresso, anziché solo sui risultati, gli individui con una mentalità di crescita possono ridurre lo stress e l'ansia e aumentare il loro senso di realizzazione e soddisfazione.

Aumento della creatività: Una mentalità di crescita può portare ad un aumento della creatività e dell'innovazione, poiché gli individui sono più propensi ad abbracciare nuove idee e approcci alla risoluzione dei problemi.

Miglioramento delle relazioni: Le persone con una mentalità di crescita tendono ad essere più supportanti ed incoraggianti verso gli altri, e meno critiche e giudicanti. Ciò può portare a miglioramenti delle relazioni e ad un aumento delle connessioni sociali.

In generale, avere una mentalità di crescita ha numerosi benefici per lo sviluppo personale e il benessere. Abbracciare le sfide e vedere i fallimenti come opportunità per imparare e crescere, consente alle persone di sviluppare le proprie abilità e competenze, e condurre una vita più appagante.

Strategie per Lo Sviluppo Di Una Mentalità Di Crescita

Sviluppare una mentalità di crescita è un processo che richiede tempo e sforzo, ma i benefici ne valgono la pena. Ecco alcune strategie per sviluppare una mentalità di crescita:

Abbracciare le sfide: invece di evitare le sfide o considerare come minacce, abbracciale come opportunità di crescita e apprendimento. Riconosci che le difficoltà e le sconfitte fanno parte del processo di miglioramento ed espansione delle tue competenze e abilità.

Concentrati sull'impegno e sui progressi: invece di concentrarti sui risultati o sugli esiti, focalizzati sull'impegno e sui progressi. Celebra i piccoli successi e i progressi, e riconosci il duro lavoro che sta dietro il miglioramento.

Impara dagli insuccessi: invece di considerare gli insuccessi come prova delle tue limitazioni, considerali come opportunità di apprendimento e crescita. Rifletti su cosa puoi imparare dalle tue esperienze e su come puoi applicare quella conoscenza alle future sfide.

Cerca feedback: cerca feedback dagli altri, e consideralo come opportunità di crescita e miglioramento, anziché come critica. Usa il feedback per identificare le aree di crescita e miglioramento, e abbraccialo come strumento di autoconsapevolezza e sviluppo.

Coltiva un atteggiamento positivo: coltiva un atteggiamento positivo e ottimista verso la vita, e concentrati su ciò che puoi fare, anziché su ciò che non puoi fare. Circondati di persone positive e di sostegno, e coltiva relazioni che incoraggiano la crescita e lo sviluppo.

Abbracciare il cambiamento: Abbracciare il cambiamento come una parte naturale della crescita e dello sviluppo, e essere aperti a nuove idee e prospettive. Cercare nuove esperienze e opportunità, e essere disposti a prendere rischi e provare cose nuove.

Praticare l'auto-riflessione: Prenditi il tempo di riflettere sui tuoi pensieri, emozioni e comportamenti, ed esplora come influenzano la tua crescita e sviluppo. Sii consapevole del dialogo interno negativo e lavora per sostituirlo con affermazioni positive e incoraggianti.

Rimani persistente: Abbracciare la perseveranza e la resilienza, e continuare a spingere avanti anche quando la situazione diventa difficile. Riconosci che la crescita e il miglioramento richiedono tempo ed impegno, e mantieni l'impegno per i tuoi obiettivi anche quando affronti sfide e fallimenti.

In sintesi, lo sviluppo di una mentalità di crescita implica l'accettazione delle sfide, la focalizzazione sull'impegno e sul progresso, l'apprendimento dai fallimenti, la ricerca di feedback, la coltivazione di un'attitudine positiva, l'accettazione del cambiamento, la pratica dell'auto-riflessione e la persistenza. Implementando queste strategie, gli individui possono sviluppare una mentalità di crescita e coltivare una vita più appagante e gratificante.

Applicazione
Pratica

Vita Quotidiana

Lo sviluppo del controllo interno e di una mentalità di crescita può avere un impatto significativo sulla vita quotidiana. Ecco alcuni esempi di come questi concetti possono essere applicati:

Meditazione consapevole: praticare la consapevolezza attraverso la meditazione può aiutare gli individui a diventare più consapevoli dei loro pensieri e emozioni, dando loro la capacità di regolare.

Riformulazione dei pensieri negativi: riconoscendo i pensieri negativi, gli individui possono riformulare in modo positivo, riducendo lo stress e aumentando il benessere generale.

Pratica dell'auto compassione: coltivare l'auto compassione aiuta gli individui a vedersi con gentilezza e comprensione, riducendo ansia e depressione.

Impostare obiettivi realizzabili: impostare e lavorare verso obiettivi realizzabili può aiutare gli individui a sviluppare una mentalità di crescita incoraggiandoli ad abbracciare le sfide e perseverare attraverso le difficoltà.

Pratica della gratitudine: concentrarsi sulle cose per cui si è grati può aiutare gli individui a sviluppare una prospettiva più positiva sulla vita, riducendo lo stress e aumentando la felicità.

Praticare attività fisica: praticare attività fisica, come l'esercizio o lo yoga, può aiutare gli individui a regolare le loro emozioni, aumentare l'autostima e migliorare il benessere generale.

Cercare feedback: richiedere e incorporare feedback costruttivo può aiutare gli individui a sviluppare le loro abilità e identificare aree di crescita.

Attraverso la pratica costante di queste strategie, gli individui possono sviluppare il loro controllo interno e la mentalità di crescita, portando a una maggiore felicità, successo e realizzazione nella loro vita quotidiana.

Situazioni Difficili

Gestire situazioni difficili con il controllo interno può essere impegnativo, ma è un passo importante per ridurre lo stress e migliorare il benessere generale. Ecco alcune strategie per gestire situazioni difficili:

Respirazione consapevole: Prendersi il tempo di fare alcune respirazioni profonde può aiutare a calmare la mente e il corpo in situazioni difficili, consentendo una prospettiva più chiara.

Riformulare la situazione: Cambiare la prospettiva da una negativa a una più positiva può aiutare a ridurre lo stress e aumentare la resilienza.

Praticare l'auto-compassione: Invece di concentrarsi sul dialogo interno negativo, può essere utile concentrarsi sull'auto-compassione, trattandosi con gentilezza e comprensione.

Identificare i fattori scatenanti: Comprendere ciò che scatena lo stress e l'ansia può aiutare gli individui a sviluppare strategie di coping per affrontare situazioni difficili.

Concentrarsi sul momento presente: Concentrarsi sul momento presente invece di preoccuparsi per il futuro o soffermarsi sul passato può aiutare a ridurre lo stress e migliorare il benessere generale.

Cercare supporto: Chiedere aiuto ad amici, familiari o professionisti della salute mentale può fornire il supporto necessario per affrontare situazioni difficili.

Svolgere attività fisica: L'attività fisica può rilasciare la tensione e fornire uno sfogo sano per lo stress.

Praticare la gratitudine: Concentrarsi su ciò per cui si è grati può aiutare a spostare l'attenzione lontano dallo stress e dalle emozioni negative.

Praticando costantemente queste strategie, gli individui possono sviluppare la capacità di gestire le situazioni difficili con il controllo interno, riducendo lo stress e aumentando il benessere generale.

Obiettivi Personali E Professionali

L'autocontrollo svolge un ruolo fondamentale nel raggiungimento di obiettivi personali e professionali. Avere il controllo sui propri pensieri, emozioni e comportamenti consente di prendere decisioni informate, gestire lo stress e le difficoltà e mantenere un atteggiamento positivo di fronte alle sfide che si incontrano.

Per quanto riguarda gli obiettivi personali, l'autocontrollo consente di rimanere concentrati e motivati, anche di fronte agli ostacoli. Controllando i propri pensieri ed emozioni, si può mantenere una mentalità di crescita e evitare di essere scoraggiati dalle difficoltà. Inoltre, si è in grado di gestire meglio i livelli di stress, il che può prevenire l'esaurimento e aiutare a raggiungere gli obiettivi in modo sostenibile.

Per quanto riguarda gli obiettivi professionali, l'autocontrollo è altrettanto importante. Aiuta a mantenere un atteggiamento e un'etica lavorativa positivi, anche di fronte a ambienti di lavoro difficili o a colleghi problematici. Gestendo i propri pensieri ed emozioni, si è in grado di rimanere concentrati sugli obiettivi e prendere decisioni che aiuteranno a raggiungerli. Questo, a sua volta, può portare a una maggiore soddisfazione lavorativa e successo nella propria carriera.

In conclusione, l'autocontrollo è essenziale per raggiungere obiettivi personali e professionali. Sviluppando questa abilità, è possibile prendere decisioni informate, mantenere un atteggiamento positivo e rimanere motivati, anche di fronte alle difficoltà.

Il Viaggio

La comprensione del controllo è un aspetto importante della crescita e dello sviluppo personale. Acquisendo una comprensione più profonda di ciò che è il controllo, e di ciò che non lo è, puoi coltivare una vita più gratificante e appagante. Sarai meglio attrezzato per gestire i tuoi pensieri, emozioni e comportamenti e sarai in grado di affrontare le sfide e raggiungere i tuoi obiettivi in modo più efficace e significativo.

I concetti trattati in questo manuale forniscono una solida base per lo sviluppo di un maggior controllo interno e di una mentalità di crescita. Tuttavia, come tutte le cose che valgono la pena di perseguire, ci vuole tempo ed impegno per ottenere risultati concreti. Pertanto, è importante avere pazienza con se stessi e mettere in pratica le strategie descritte in questo manuale quotidianamente.

In definitiva, comprendere il controllo è un viaggio che vale la pena intraprendere. Ha il potenziale per portare maggior significato, scopo e felicità nella tua vita. Quindi, abbraccia il processo, abbi pazienza con te stesso e rimani impegnato nello sviluppare un maggior controllo interno e una mentalità di crescita. I risultati varranno sicuramente lo sforzo.

Informazioni Sull'Autore

Antonio è un padre di due figli che ama profondamente. Lavora nel campo dell'educazione da quasi venticinque anni, principalmente con studenti di età compresa tra i 5 e i 21 anni. Crede che capire ciò che si può controllare e ciò che non si può controllare sia il primo passo per sviluppare la resilienza nelle persone. Adottare una mentalità di crescita e sapere come navigare tra gli innumerevoli stimoli che ci circondano potrebbe essere tutto ciò di cui abbiamo bisogno per creare un futuro in cui l'umanità sia costantemente in uno stato di crescita, sbloccando il vero potenziale dell'umanità su questo pianeta. Spera che un giorno ogni scuola distribuisca questo manuale ad ogni studente, in modo che tutti abbiano le basi per capire ciò che possono controllare rispetto a ciò che non possono controllare. L'educazione è veramente lo strumento più potente che abbiamo per trasformare il futuro.

Disconoscimento Legale

I manuali tradotti prodotti utilizzando il software open AI sono forniti solo a scopo informativo. L'autore di questi manuali non fornisce alcuna rappresentazione o garanzia di alcun tipo, espressa o implicita, riguardo all'accuratezza, affidabilità, completezza o idoneità delle traduzioni generate dal software open AI.

L'autore non assume alcuna responsabilità per eventuali errori o omissioni nei manuali tradotti o per qualsiasi interpretazione errata del testo tradotto. L'uso dei manuali tradotti e la dipendenza dal loro contenuto è esclusivamente a rischio dell'utente.

In nessun caso l'autore sarà responsabile per eventuali danni, compresi, a titolo esemplificativo e non esaustivo, danni diretti o indiretti, speciali, incidentali, o conseguenti, perdite o spese derivanti dall'uso dei manuali tradotti o dall'impossibilità di usarli o per eventuali errori o omissioni nel loro contenuto.

Questo manuale è stato una collaborazione tra l'autore e una piattaforma di intelligenza artificiale aperta, con l'unico scopo di cercare di aiutare tutti a sviluppare una mentalità di crescita e trovare più felicità nella propria vita.

Prima Edizione: 2023
ISBN: 9798377167525

Commenti Sul Contenuto: Inviare tutti i commenti a **www.handbooksforhumanity.com**

Copyright © 2023
Gufo Publishing